Charles EBWALA

Parce que né bâtard, suis je maudis

Charles EBWALA

Parce que né bâtard, suis je maudis

Né sous X

Éditions Muse

Imprint
Any brand names and product names mentioned in this book are subject to trademark, brand or patent protection and are trademarks or registered trademarks of their respective holders. The use of brand names, product names, common names, trade names, product descriptions etc. even without a particular marking in this work is in no way to be construed to mean that such names may be regarded as unrestricted in respect of trademark and brand protection legislation and could thus be used by anyone.

Cover image: www.ingimage.com

Publisher:
Éditions Muse
is a trademark of
International Book Market Service Ltd., member of OmniScriptum Publishing Group
17 Meldrum Street, Beau Bassin 71504, Mauritius

Printed at: see last page
ISBN: 978-620-2-29617-5

PARCE QUE NE BATARD, SUIS JE MAUDIS

Ce livre est dédié à
Tous les hommes et femmes du monde entier qui sont sans cesse traités de bâtards et à tous les parents qui doivent être pour ces personnes, les plus importants pédagogues et les meilleurs coachs de la vie.

Table des matières

REMERCIEMENTS

Je ne saurais dire merci à tout le monde car, il y a tant de personnes qui me sont chers. Par ce livre, je veux dire merci à quelques personnes à savoir :

Tous mes parents adoptifs qui m'ont permis de forger le caractère de conquérant que j'ai aujourd'hui.

A ma mère, qui ne s'est pas débarrasser de sa grossesse comme beaucoup de jeunes filles de son âge et qui, malgré les difficultés aux quelles elle faisait face, m'a donné la vie.

A ma grand-mère maternelle, décédée, qui a joué le rôle de première maman et m'a aidé à faire mes premiers pas dans la vie.

A toutes les femmes qui ont partagé ma vie.

A ma grande sœur chérie, qui reste mon socle, ma colonne vertébrale, ma muraille.

A ma tendre moitié qui résiste à toutes les intempéries jusqu'aujourd'hui et qui me comble.

Un merci très spécial à Divine, un de mes meilleurs formateurs devenu aujourd'hui un grand ami et un partenaire de choix dans mon évolution.

A tous mes anciens patrons qui m'ont permis de me former et d'apprendre à leur coté.

A tous ceux qui de près ou de loin ont contribué à faire de moi l'homme que je suis.

INTRODUCTION

Lorsque je fais la rétrospective de ma vie, après près de quarante ans d'existence, je ne cesse de me poser mille et une question sur l'essence de la vie. Avons-nous demandé d'exister ? Pourquoi tant d'écart entre les hommes ? Pourquoi les riches et les pauvres ? Pourquoi le mal et le bien ? Pourquoi le blanc et le noir ? Pourquoi certains quittent ce monde à la fleur de l'âge alors que d'autres jouissent pleinement de celle-ci ? Pourquoi ? Pourquoi ? Pourquoi ? Autant de questions qui très souvent dans les moments de doute ne cessent de me hanter l'esprit et qui cent fois sur cent ne trouvent guère de réponse. Et, chaque fois à la fin de mon questionnement, je fini par la même réponse conclusion : Cette vie n'est qu'un mystère. Oui, cette vie est un mystère dont seul Dieu détient la clé. Est-ce pour autant que je devrais arrêter de me questionner ? Que non. Il me faut des réponses ; cette vie reste un cauchemar pour moi comme pour un certain nombre de personnes sur cette terre des hommes. Il est vrai que je ne connais pas pensée des autres mais, lorsque j'écoute d'autres parler ou se plaindre, je comprends que certains d'entre nous font face à un même problème. Ces personnes nées sous « X » oui, ces personnes qui n'ont pas eu la chance de gouter aux plaisirs des enfants désirés. Ces personnes toujours à la recherche d'une éducation et d'un amour parental. A chaque fois que je regarde mon extrait de naissance et que je vois mentionné, sur une des lignes, paternité non déclarée, ça me fend le cœur. Je refais le film de ma vie, je repense à tous ce que je n'ai pas pu avoir, à tous ce que j'aurais pu avoir, à mes échecs, à mes combats pour me faire une place au soleil dans cette société relationnelle et concurrentielle. Je pense à la protection et à l'encadrement parental dont je n'ai pas eu droit, à cet amour que je ne connais pas et là je dis : enfants « bâtards » est tu maudis ?

CHAPITRE I : NAISSANCE SOUS ANONYMAT ET TRISTE ENFANCE

Les personnes adultes d'après mon observation, sont façonnées à l'image d'un mentor. Ils ont, au cours de leur évolution, bénéficié de l'encadrement et des conseils d'un maître qui les a aidés à franchir un ensemble d'étapes et d'épreuves au cours de leur enfance et de leur adolescence. Ces périodes sont les phases les plus importantes de la vie d'un être sur terre. C'est la base de toute existence. C'est la période où tu apprends les bases de la vie. C'est la phase où tu apprends à marcher, à parler, à t'instruire, à te laver, à te vêtir. C'est le moment où tu apprends un métier pour ton avenir, pour le bien être de ta future famille et tes futurs enfants. C'est la phase où tu apprends à franchir les obstacles, à devenir endurant, à devenir un homme. C'est l'essence même de ton devenir. Mais pour y parvenir, tu as besoin des guides, des modèles, des coachs et les tout premiers que tu peux avoir ne sont autres que ton père et ta mère. Seulement, moi comme beaucoup d'autres n'avons pas eu cette chance d'être coaché par un père et une mère ou alors un des deux. Né sous « X », j'ai connu des fortunes diverses : une naissance dans l'anonymat total a fait de moi un être assez particulier. La plupart des enfants de ma génération sont nés avec une assistance médicale digne de ce nom, moi pas.

Un soir de mars 1980, dans une petite campagne de la forêt équatoriale, une jeune fille se tord de douleur. Que lui arrive-t-il ? Elle a des contractions car enceinte depuis neuf mois déjà et sur le point d'accoucher. L'hôpital de référence qui couvre cette aire géographique se trouve à quatre kilomètres de là et la route y menant est un véritable chemin de croix. Personne dans les parages pour lui porter secours. Seule sa mère, une sexagénaire vieillissante se trouve à ses cotés. Deux femmes sans aucune expérience dans le domaine de l'accouchement toutes seules en pleine nuit, sans moyen de transport. Est-ce judicieux de prendre le chemin de l'hôpital à cette heure de la nuit ? Ont-t-elles la certitude d'arriver à l'hôpital avant l'accouchement ? Que non. A deux, elles décident que la jeune fille accouchera à la maison. Des dispositions sont prises et la jeune fille commence le travail. Le résultat ne se fait pas attendre, un garçon est né, il pousse son premier cri et la joie envahit les deux femmes. Joie d'avoir réalisé un exploit qui ne dure que quelques minutes car, une autre séquence de contractions les ramène à la réalité. Un second enfant veut voir le jour. Cette fois les choses se compliquent car le second enfant à du mal à arriver. La mère de la jeune fille n'a aucune expérience de sage femme accoucheuse pour gérer les cas complexes et la jeune fille encore moins. N'ayant point pris l'habitude de faire les consultations prénatales car faisant confiance à la médecine traditionnelle, elle ne savait sans doute pas qu'elle attendait des jumeaux. La situation étant devenu complexe, la mère de la jeune fille va entreprendre de chercher du secours. Une vingtaine de minutes plus tard, elle tombe sur son voisin le plus proche, Richard qui par chance a une expertise traditionnelle en matière d'accouchement. Les deux accourent rapidement et trois quart d'heures après son arrivée sur les lieux, un deuxième enfant de sexe féminin est extrait des entrailles de Julie la jeune mère. Le constat est triste, le pauvre enfant est sans vie, elle n'a pas survécue. Julie aurais été dans un centre hospitalier que les choses se seraient certainement passées différemment. Rapidement, le bébé mort né est emballé dans un drap et emmenée nuitamment par Richard pour être enterrée dans un lieu tenu secret. Dès son retour, l'annonce est faite dans le village, la jeune Julie vient d'accoucher. Les villageois accourent pour féliciter la jeune maman. Cette maman là c'est ma mère et le nouveau né c'est moi.

Malgré la perte du second enfant, la paix, l'harmonie et la joie règne dans la maison. Seulement des questions fusent de la bouche des visiteurs. Qui est le père de ce nouveau né ? Où est-il ? N'est-il pas informé de la naissance de son fils ? Autant de questions sur le personnage inconnu. Le mystère demeure, monsieur le père de l'enfant ne se montre pas. Il est introuvable mieux encore, personne ne sait qui il est. Dans l'incertitude, la confusion et la fatigue après son accouchement difficile, la jeune Julie elle même n'ose pas prononcer de nom. C'est ainsi que le mystère nait et demeure sur l'identité de mon père. Il n'apparaitra jamais, ne fera jamais parti de ma vie et mon certificat de naissance ne fera jamais mention de son nom. Je suis donc élevé sous les jupons de ma mère et de ma grand-mère pendant deux ans. Deux années après lesquelles ma mère va s'en aller vers la ville à la recherche d'un emploi me laissant sous l'aile et la protection de sa mère « ma grand-mère ». A deux ans, il m'a été impossible de faire le choix et la différence entre ma mère et ma grand-mère. Mon véritable apprentissage de la vie, je le commence donc auprès de ma grand-mère qui malheureusement pour moi, n'est pas une femme instruite mais qui jouit toutefois d'une grande sagesse et une riche et longue expérience de la vie qu'elle va utiliser pour m'apporter le meilleur encadrement possible pendant mes six premières années de vie sur terre.

Six années dont j'ai très peu de souvenir. Pas de véritables clichés restés dans un coin de mon subconscient. Pourquoi ? Je ne saurais trop apporter une réponse à cette question. Peut être bien que mon cerveau refuse de se souvenir de cette époque qui sans doute n'a été point marquant pour ma vie. L'unique souvenir gravé dans ma mémoire reste sans doute mes premiers pas vers à l'école.

CHAPITRE II : UNE EDUCATION PAS COMME LES AUTRES

Mes premiers moments sur les bancs d'une salle de classe, je les ai passés dans l'établissement scolaire de mon village. J'avais très exactement six ans. Je n'ai pas eu droit aux classes préparatoires à quatre et cinq ans comme les autres enfants du même âge. Personne ne m'avait préparé à ça. J'étais parachuté là comme une pierre venue de nulle part, perdu au milieu de ce monde nouveau. Je n'avais jamais appris à lire, ni écrire auparavant et encore moins comment me tenir dans cette nouvelle sphère. J'étais en déphasage total par rapport aux autres gamins et gamines de ma classe. Je n'avais pas d'ainé pour me tenir la main, pour me guider et me protéger. J'étais seul et perdu.

Ce fut mon premier combat pour la survie. Heureusement, un combat de courte durée car, après un an d'étude, mon oncle, fils ainé de ma grand-mère et grand frère à ma maman, décide de me prendre sous son aile et de me ramener en ville pour y continuer mon apprentissage et mon éducation. Sa femme et lui n'avait pas encore d'enfant et mon adoption dans sa famille témoignait peut être de l'amour qu'il portait à sa sœur cadette ou alors l'envie de combler le vide que créait l'absence d'un enfant naturel dans leur couple. De toutes les façons, je n'en avais aucune idée et peu m'importais du moment où je pouvais m'épanouir. C'est donc avec beaucoup de joie que je vais partir avec mon oncle en ville.

Deux années paisibles s'écoulèrent sans embuches. Je faisais de mon mieux pour apprendre rapidement pour combler les manquements causer par le fait de n'avoir pas fais de classe préparatoire et le niveau relativement bas des enseignements au village. Les enfants de la ville étaient plus éveillés et mieux instruits. Ce qui me rendais la tâche encore plus difficile car, j'avais pour obligation de me mettre à niveau. Je fournissais donc plus d'efforts que les autres autant à l'école qu'à la maison. Puis vint le premier enfant du couple.

Et là, les choses commencèrent à changer autour de moi. Le traitement à la maison était devenu différent. Je devais dès à présent faire mes preuves et mériter ma place dans la maison. Faire des tâches de la maison comme une presque femme de ménage. Ce fut le début d'un long calvaire. Un calvaire digne des histoires et contes des enfants orphelins dans des familles d'accueilles. J'étais devenu persona non grata. Toutes les tâches étaient dès lors réservées à l'intrus que j'étais tout d'un coup devenu pour le couple et particulièrement pour ma mère adoptive. Et lorsqu'une chose était mal faite ou pas faite dans la maison, j'en prenais pour mon compte des mains de ma marâtre. Cela allait des bastonnades à la privation des repars en passant par des injures du genre espèce de « bâtard ». Qu'avais-je fais pour vivre cela ? Que s'était-il passer ? Pourquoi ce changement brusque ? Dans mon innocence, je n'avais aucun élément de réponse. Ma paix dès lors, je devais l'obtenir au prix des tâches que j'avais à accomplir dans la maison au détriment de mon éducation scolaire.

Mon souvenir le plus marquant de cette période et la tâche la plus traumatisante était de remplir d'eau tout les matins avant de me rendre à l'école, un fût d'une contenance d'environ trois cent litres. La source où je devais recueillir cette eau ne se trouvait point derrière la maison. Il fallait se lever top et parcourir deux centaines de mètres pour ramener le précieux sésame. Je devais en plus de cela, porter une charge qui pour un enfant de mon âge, n'étais tout simplement pas humainement transportable. Je n'avais guère le choix, je devais à huit ans faire violence à mon corps et particulièrement mon coup en portant des récipients d'une contenance de vingt à trente litres pour accomplir ma tâche. Pour les enfants du même âge que moi, c'était une partie de plaisir, un moyen de divertissement car ils ne portaient que des récipients de cinq litres et parfois dix litres tout au plus et étaient toujours accompagnés de leurs parents ou de leur frères et sœurs ainés. Mais pour moi, c'était un véritable cauchemar, un chemin de croix. J'étais seul, sans aide et sans encouragement. Une manœuvre que je ne souhaiterais à aucun enfant sur cette terre car j'en suis resté marqué à jamais. Quatre années passèrent et comme un roseau, je n'ai pas lâché et je n'ai pas sombré. J'ai su m'adapter à mon milieu. J'ai su m'endurcir face aux conditions difficiles. J'ai su profiter des moments de joie mais surtout appris à oublier rapidement les moments de tristesse et de rudes épreuves. Je me consolais avec une seule et unique motivation, celle de devenir quelqu'un dans l'avenir pour qu'aucun enfant autour de moi ne passe par le même chemin et ne vive ce que moi je vivais.

Mes notes à l'école semblaient bien le démontrer car, malgré le fait d'avoir tardivement intégré les bancs et les difficultés endurées en famille, j'étais fier de sortir à onze ans du cycle primaire nanti de mon premier diplôme : le certificat d'étude primaire et élémentaire. Ce dernier m'ouvrait les portes du collège. Seulement, la situation dans ma famille était devenue telle que pour mes parents adoptifs, mon niveau d'étude était suffisant pour que je me lance dans la vie active. Mais quels parents seraient assez arriérés pour croire que l'éducation d'un enfant de onze ans s'achève après l'obtention d'un seul diplôme plus encore du tout premier, un simple certificat. J'aurais bien aimé connaitre leur réaction si ça avait été leur enfant biologique. Au lieu donc d'être en joie comme mes camarades de promotion du fait d'une possibilité d'aller au collège pour accroitre mon potentiel intellectuel, je replongeais tristement dans mes pensés d'un être isolé, un être à part, un être seul. Malgré mes efforts et ma volonté, mon rêve de devenir quelqu'un de bien tombait à l'eau car mon avenir devenait du coup très flou. Je repensais encore et encore que cela aurait été différent si je n'étais pas né sous « X ». Des réflexions qui ne m'ont pas permis de jouir du plaisir d'avoir obtenu mon premier diplôme et au final, avec l'envie de continuer mes études à tout prix, j'ai entamé pendant les vacances des petits travaux pour pouvoir subvenir à mes besoins. Je n'étais pas devenu un enfant de la rue mais, j'étais tout comme. Privé de la joie des vacances, privé du divertissement auquel les enfants de mon âge ont besoin et ont droit, je m'étais lancé dans des activités génératrices d'argent. J'avais moins de soixante jours avant la reprise des classes pour préparer ma rentrée. Pour cela, j'ai commencé par offrir mes services dans des laveries automobiles et quelques semaines plus tard, avec les économies issues de mon travail dans les laveries, j'ai débuté un petit commerce. J'arpentais les rues, les débits de boissons et les marchés de la ville avec un plateau de friandises sur la tête. Je vivais toujours chez mon oncle et j'en payais le prix fort. Comme j'étais plus préoccupé dès lors par mon commerce et mon futur, j'étais doublement privé de repas et je devais me consoler avec une partie du revenu de mes ventes. Je me souviens qu'il m'arrivait même de passer des nuits à la belle étoile pour être rentré tard. Heureusement pour moi, au moment où je m'attendais le moins, une opportunité se présenta à moi. Je recevais une proposition de ma tante Alice. S'étant rendu compte de ma peine, elle me proposa de venir continuer mes études chez elle. La proposition était plus que belle, aucune autre offre n'était disponible et puis quel enfant conscient de son avenir refuserait de continuer ses études surtout que c'était la réalisation d'un rêve impossible. C'était comme dans un rêve. La vie m'offrait une chance inespérée. Tout d'un coup, les moments difficiles et la dure enfance vécue s'effaçaient pour laisser place à un avenir radieux et meilleur. J'allais changer de famille, de ville, de maison. J'étais prêt pour ce nouveau challenge. La vie ne m'avait pas fait de cadeau et rien ne m'effrayais plus. Mes armes étaient affutées pour un nouveau défi et de nouvelles épreuves.

CHAPITRE III : MON ADOLESCENCE, UN COMBAT PSYCHOLOGIQUE

Trois mois de vacances étaient vite passés. J'avais intégré la maison de tante Alice. Elle vivait dans une des banlieues de la cité capitale, seule son avec nouveau né. Enseignante de profession dans un établissement technique de la place, elle n'a pas eu de difficultés à m'inscrire dans l'établissement public voisin au sein duquel elle avait des connaissances et des collègues. Par ses soins, j'allais intégrer le collège d'enseignement secondaire général du coin. J'étais heureux et pour une fois dans ma vie, je bénéficiais d'un très bon encadrement. Un emploi du temps taillé sur mesure, des travaux à effectuer à la maison qui n'affectaient aucunement la progression dans mes études. J'avais enfin une mère, une personne qui se souciait de mon avenir et de mon devenir. J'avais un petit frère avec qui je pouvais jouer comme tous les enfants de mon âge. Pendant un temps, j'ai pu connaitre ce qu'est une véritable famille bien qu'elle été incomplète du fait de l'absence permanente d'un homme, un père de famille. Malgré cela, tout était différent. Tout paraissait vrai. Ce qui m'a permis de faire un parcours scolaire sans encombre avec des tableaux d'honneur pour témoigner mes résultats satisfaisants.

J'avais laissé derrière moi le triste souvenir de mon passage chez mon oncle. Les années passaient et je grandissais. Comme tout enfant qui grandit, on fait des erreurs et j'en faisais également. Seulement, à la différence de ma précédente mère, je recevais des punitions légères et très souvent des conseils. Tout se passait bien jusqu'à la quatrième année de vie avec tante Alice. Une année où les choses sont devenues différentes. Je traversais ma période d'adolescence et tante Alice étant une femme, avait du mal à gérer cette phase de ma vie. Il est né à partir de ce moment une relation conflictuelle entre elle et moi. Ma naïveté et mon inconscience m'aveuglait au point de ne pas remarquer tous les efforts que cette mère faisait pour moi. J'avais dès lors du mal à définir mes priorités pour mon avenir.

Avec le recul, je me rends compte aujourd'hui que je n'ai pas su canalisé mon énergie pendant cette phase de la vie. J'étais devenu irresponsable, je n'écoutais plus ses conseils. Je faisais des crises d'adolescence, je commençais à avoir des compagnies jugées peu recommandables au point de faire des virés nocturnes à l'âge de quatorze-quinze ans. J'avais oublié d'où je venais, qui j'étais. Le salaire de toutes mes erreurs n'a pas tardé à être payé. Tante Alice n'est pas allé du dos de la cuillère pour me ramener à la réalité. Certaines de ses phrases résonnent encore dans ma tête comme si c'était hier : «Tu n'est qu'un parasite » est la phrase de toutes ses phrases qui m'a le plus anéanti psychologiquement et moralement.

Retour à la case départ. Enfant né sous « X », elle me rappelait sans cesse et à la première occasion combien je ne vivais qu'au détriment des autres. Ces paroles étaient plus fortes que tout ce que j'avais déjà traversé. J'en ai les larmes aux yeux à chaque fois que j'y pense. Cette quatrième année fût difficile et très traumatisante pour moi. Je faisais maintenant la classe de troisième. Les résultats scolaires du premier trimestre montraient combien j'avais sombré. Pas seulement à cause de mon comportement d'adolescent irresponsable, mais aussi à cause de la violence des paroles que je ne parvenais pas à digérer. Je pensais avoir vécu plus dure et que je pouvais faire face à tous les obstacles mais, j'avais sous-estimé et mal évalué la violence des paroles prononcées à l'encontre d'un individu dans sa vie. J'ai pu à partir de ce moment comprendre que les paroles sont une véritable arme de destruction. On n'a pas besoin de vous atteindre physique, il suffit juste de savoir où ça fait le plus mal et de placer les mots qu'il faut pour vous déstabiliser. Inconsciemment ou pas je ne le saurais jamais, tante Alice avait réussi à me toucher psychologiquement. J'étais devenu fragile, j'avais envi de tout lâcher et de partir où personne ne me traiterais plus de bâtard et de parasite. Par ses mots, j'en voulais au monde entier, au créateur qui avait permis que cela m'arrive. Les études en ont pris un coup. J'avais mal au plus profond de mon être et l'année scolaire s'est terminée sur une fausse note : l'échec à mon examen pour l'obtention du Brevet d'Etude. Etais ce la faute de tante Alice, je pense que non. Pour cette étape de ma vie, un autre guide aurais été d'un très grand apport seulement, il y en avait pas. La rupture avec ma tante ne s'est pas fait attendre, j'étais devenu ingérable pour elle. Il fallait me trouver une autre famille d'accueil.

Entre temps, partie en ville pour chercher du travail, Julie ma mère biologique avait eu un homme dans sa vie et avait déjà eu un autre fils. Mon existence n'était certainement plus à l'ordre du jour dans son agenda. Nous avions fait plus de treize ans sans se voir. J'ai tout de même pris l'initiative de la contacter. Qu'était-elle devenue ? C'était l'occasion pour moi d'évaluer l'amour que je portais à cette femme et connaitre la réciprocité de son amour à elle. La rupture avec tante Alice était consommée et il fallait prendre une décision pour mon avenir. Je suis donc allé à la rencontre de Julie dans la capitale économique où elle vivait avec son homme.

A mon arrivée, j'avais la réponse. Sa vie ne s'était guère trop améliorée. Elle s'était mise en concubinage avec le père de son fils. Ce dernier avait travaillé pour une entreprise privée pendant quelques années avant d'être compressé pendant la période de crise que l'entreprise avait traversé. Il était donc comme sa compagne au chômage et ne devaient leur maintien en ville qu'aux revenus que leur produisait le petit débit de boisson qu'il avaient pu mettre sur pied avec l'argent des indemnités de compression que l'entreprise lui avait versé. Le tableau était triste. Je n'avais pas ma place dans cette famille. A trois déjà, ils avaient du mal à joindre les deux bouts et ma présence embarrassait un peu plus. J'avais vite réalisé que je n'étais pas à ma place. Je n'étais pas chez moi. Trouver un métier pour subvenir à mes besoins et m'installer à mon propre compte devenait de plus en plus la solution idéale. En attendant trouver quelque chose à faire, je faisais des courts séjours rotatifs dans des familles proches. J'avais fréquenté mais, je ne disposais d'aucune formation pratique pour exercer un métier.

C'est la triste réalité de notre système éducatif. La plus part des établissements du pays forme pour avoir des diplômes et non pour apprendre un métier. Je n'avais pas de formation technique pouvant me permettre d'exercer quelque part. J'étais très jeune conclusion, j'avais fais l'école juste pour apprendre à lire, à écrire et à parler, rien de plus. Qu'est ce que je pouvais faire, pauvre de moi. Une fois de plus j'étais perdu. J'ai ainsi passé trois mois à errer sans jamais trouver de solution. J'ai dès lors oublié que j'avais une mère et j'ai entrepris de vivre sans me soucier de ce qu'aurais été ma vie si j'avais eu mes parents comme coachs. Une fois encore et au moment le plus inattendu, mon oncle Bruno, le benjamin de la famille de ma mère me proposa de venir vivre avec lui au Nord du pays où il vivait seul. A ce moment, je compris que malgré les péripéties et les souffrances tant physiques que psychologiques endurées, Dieu était à mes côtés et à chaque fois que j'étais sur le point de sombrer, à chaque fois que j'avais envi de tout laissé tomber, une nouvelle porte s'ouvrait pour moi. Raison pour laquelle je dis aux hommes sur cette terre, malgré les difficultés que l'on peut rencontrées sur son chemin, il ne faut jamais baisser les bras et toujours croire en l'existence de l'être suprême.

CHAPITRE IV : UN SOUFFLE NOUVEAU

J'arrivais dans le nord du pays quelques semaines après la rentrée scolaire de l'année mille neuf cent quatre vingt seize. J'étais une nouvelle personne. La virée chez ma mère biologique dans la capitale économique et mon errance dans les autres familles m'avait remis les idées en place. J'avais compris que j'étais face à mon destin et que mon salut ne pouvait venir que de mes propres initiatives. Ma mère biologique ne pouvait rien faire pour moi et de toutes les façons, elle avait sa propre bataille à livrer. M'en sortir dans le Nord du pays était un nouveau défi. Je faisais face à un nouveau monde, des nouvelles personnes, une nouvelle culture, de nouvelles mentalités, un nouveau climat.

Les habitants du Nord du pays sont pour la plupart d'origine peuhle venue de la zone saharienne et pour la plupart de religion musulmane bien qu'on y retrouve également beaucoup de chrétiens. J'étais le moi fils de personne, près une fois de plus à me battre pour me faire ma place dans ce monde. J'avais maintenant seize ans et je reprenais la classe de troisième. J'étais conscient de la chance de dernière minute que j'avais obtenue avec la grâce de Dieu et je m'en suis réconforté pour faire d'excellents résultats à l'école. Je n'avais pas le choix. Je devais réparer je pense le tors que je ne cessais de causer aux autres. Du moins, c'est le ressenti qui m'animais sans cesse. J'étais jeune et partout où je passais, j'avais l'impression de pas donner satisfaction et de n'apporter que désolation.

Mon oncle Bruno était un militaire et nous vivions dans une caserne militaire. Du coup, je découvrais un nouveau style de vie : la vie de caserne. Le mode de vie pour nous les enfants vivants dans la caserne était complètement différent de celui des autres enfants hors caserne. La discipline militaire qui s'imposait aux soldats s'imposait indirectement et de manière inconsciente à nous autres. Sans m'en rendre compte à l'immédiat, nous les enfants dit de militaire, avions une vie calquée sur celle de nos parents. La ponctualité, le respect des emblèmes nationaux, la rigueur au travail, la pratique permanente du sport, la solidarité et la propreté était là quelques éléments qui caractérisaient et rythmaient notre quotidien.

Cette caserne occupe une superficie de plusieurs hectares. A l'intérieur, on y trouve tous ce dont on a besoin. Des maisons d'habitation, une économat, une école maternelle, une école primaire, une infirmerie et un vaste complexe sportif comportant plusieurs aires de jeu de plusieurs disciplines sportives. Le sport pour les militaires de la caserne comme pour le reste des hommes en tenue est un exercice obligatoire pour garder la forme et rester opérationnel en tout temps et en tout lieux. Ainsi, les parents et les enfants pouvaient après les heures de travail et d'étude se retrouver sur la piste d'athlétisme, sur l'un des terrains de football, sur l'un des terrains de tennis, au terrain de basketball, au terrain de volleyball ou dans une des deux piscines existantes pour se relaxer sportivement et physiquement ou pour une remise en forme. Dans la caserne je ne manquais de rien, la sécurité était assurée au maximum et le cadre était adéquat pour se mouvoir et pour prospérer. Le seul bémol était pour nous autres adolescents, l'absence d'un établissement d'enseignement secondaire dans l'enceinte du camp.

Pour fréquenter, il fallait donc se rendre dans les établissements scolaires secondaires qui se trouvaient hors de la caserne. Ce n'était guère un problème. La mentalité et l'esprit de discipline que nous développions au camp faisait de nous de véritables soldats. Des jeunes près à toutes les éventualités et cela m'a permis, pas de rattraper le retard que j'avais déjà accusé dans mon cursus scolaire mais, d'avancer tout au moins normalement et avec sérénité dans mes études. J'avais prie conscience, on m'avait donné une autre chance et je l'avais saisis en laissant derrière moi la mauvaise compagnie qui m'avait tant fait du mal. J'étais redevenu un conquérant, un jeune adolescent consciencieux, une nouvelle personne. Je m'étais fais de nouveaux amis qui m'avaient changé, qui suscitaient en moi l'esprit de challenge et l'envie d'être meilleur. Je travaillais plus dure à l'école. La planification et la gestion quotidienne des affaires de la maison étaient sous ma responsabilité. Je m'organisais mieux. Je me servais de mes erreurs passées pour m'améliorer. Nous n'étions que deux à la maison mon oncle Bruno et moi. Et, la plupart du temps, il était en mission donc jamais à la maison. Je m'organisais donc tout seul pour me former sur tous les plans de la vie comme un adulte. Cela ne me posait pas de problème.

Je me levais ainsi très top le matin à la sonnerie du clairon de la caserne. Je faisais mes tâches ménagères, je prenais mon bain et je me rendais en classe. A la fin des classes à trois heures de l'après midi, je rentrais à la caserne avec les autres enfants. Je faisais une pause et ensuite je me rendais au terrain de football. Je reste un passionné de football et à cette époque là, comme tous les jeunes de mon âge, je nourrissais le rêve d'être une future star du football camerounais. Encouragé par nos parents militaires qui voyaient en nous les dignes héritiers des légendes de l'équipe nationale de football des années mille neuf cent quatre vingt dix, nous bénéficions d'un encadrement particulier. Ainsi, chaque après midi, après les classes, tous les jeunes amoureux de la discipline se retrouvaient au stade de football pour une séance quotidienne d'entrainement sous le contrôle d'un coach sportif qualifié. C'était la belle époque. On ne s'ennuyait guère car, s'étaient pour nous des moments de pur bonheur. De plus, on savait gérer nos emplois du temps.

Dans ce cadre très restreint et privilégié de la vie de caserne, j'ai pu m'imposer une discipline de vie qui me permet malgré les difficultés que je rencontre actuellement, de toujours être capable de tirer mon épingle du jeu. Mes résultats scolaires étaient satisfaisants et j'ai pu en trois années d'étude secondaire obtenir mon brevet d'étude (BEPC) ainsi que mon probatoire de l'enseignement général. Seulement, comme dans mes précédentes familles d'accueilles, mes difficultés et mes démons du mal être vont refaire surface.

CHAPITRE V : DES RELATIONS CONFLICTUELLES

Août de l'année deux mille, nous sommes en vacances. Mon oncle fatigué de la vie de célibataire et poussé par sa hiérarchie, décide de prendre femme. Pendant trois années, lui et moi avions vécus dans la paix et l'harmonie. Il prenait de l'âge et vivait toujours sans compagne et sans enfants. A la prise de décision de se marier, je sentais que les choses allaient devenir différentes à la maison. Toutefois, il était impératif pour lui d'avoir une compagne auprès de lui pour progresser tant dans sa vie privée que dans sa vie professionnelle. Très vite, les démarches furent entreprises et quelques semaines plus tard, Angèle sa conquête et la future épouse nous retrouvait au Nord. Dès son arrivé à la maison, elle ne tarda pas à m'annoncer ses couleurs. Nouvelle maitresse des lieux, toutes les décisions lui revenait dès lors. Elle avait l'entière confiance de son homme très amoureux. Ce dernier avait très vite et presque oublié que j'étais aussi là et qu'il ya quelques temps, il régnait l'harmonie et la paix entre lui et moi. C'est fascinant de constater à quelle vitesse les humains sont changeant. J'avais du mal à reconnaitre mon oncle avec qui j'avais déjà passé trois ans. Son langage avait changé. J'avais vingt ans maintenant et il saisissait toutes les occasions qui se présentaient pour me le rappeler. Sous la pression de sa dulcinée, il me faisait savoir qu'à mon âge, il était déjà responsable de lui-même. Sans doute une façon polie de me demander de débarrasser le plancher. Que s'est il subitement passé dans sa tête pour qu'il change aussi vite ? Je n'avais pourtant rien fait à qui que ce soit. Je connaissais depuis fort longtemps ma place dans mes différentes familles d'accueille et je ne tenais pas à ceux que quelqu'un me rappelle qui j'étais.

La nouvelle patronne de la maison avait son éducation qui n'avait rien à voir avec la mienne. La communication entre elle et moi était complexe. C'était une jeune femme du même âge que moi mais qui trouvait bon de chercher à exercer son autorité sur moi. Je voulais éviter la confrontation mais, j'avais tellement enduré des choses lors de mon passage dans mes précédentes familles d'accueilles que j'étais dès lors révolté. Elle avait vingt ans comme moi mais, je lui donnais la place de mère de la maison qu'elle méritait. Seulement, elle voyait en moi un garçon de ménage, son souffre douleur et une personne sur qui elle allait exercer une domination certaine. Malgré mes tentatives de compromission, rien n'y faisait. En ce qui concernait la responsabilité des tâches à effectuer dans la maison, cette dernière trouvait que me traiter de domestique à tout faire était la solution pour s'imposer pourtant, en ce qui me concernait, nous n'étions ni en concurrence, ni en conflit. Et durant tout son premier mois de séjour parmi nous, malgré mes multiples tentatives d'apaisement du climat, les choses ne se sont pas passées comme je le souhaitais. Ma relation avec ma nouvelle belle mère avait foiré dès son arrivé et la complicité avec mon oncle s'était dégradé du même coup tout ceci en l'espace d'un mois seulement.

Septembre de l'année deux mille, c'est la rentrée des classes. Malgré l'atmosphère tendue, j'ai réussi à convaincre mon oncle de me laisser finir mon cycle secondaire, avoir mon baccalauréat et voir si je pourrais continuer en faculté ou trouver une opportunité de m'insérer dans le monde professionnel. Les arguments que j'avais utilisés avaient convaincu et il m'a accordé cette année. Je suis en Terminale, une classe qui exige la rigueur dans le travail et une certaine discipline de vie. J'étais sûr de mon potentiel, de mes qualités et la routine de vie pendant les trois années avant l'arrivée d'Angèle me donnait la certitude que braver la terminale ne serait qu'un jeu d'enfant. C'était sans compter sur le machiavélisme de cette jeune fille qui pour des raisons que j'ignore, cherchait sans cesse à me traiter comme un déchet. J'en avais marre. Je n'étais plus ce gamin qu'on avait brimé à tout vent dans les familles. Je respectais tout le monde et je voulais en retour, que l'on me respecte maintenant. Je commençais à être adulte et je voulais que ça s'arrête. Par les commérages d'Angèle auprès de mon oncle très amoureux de son épouse, mon emploi du temps scolaire et mes programmes sportifs avaient pris un véritable coup. Je devais faire des courses inopinées, des travaux non programmés, sécher mes séances d'entrainement de football pour satisfaire la tendre femme de mon oncle au risque de me voir refusé un repas ou même de l'argent de poche. Les choses avaient véritablement changé. Mon oncle avait changé. Lui qui était sensé jouer les arbitres sur ce conflit qui était entrain de naitre entre sa femme et moi n'a pas bougé le petit doigt. Mieux encore, il s'est rangé du coté de sa femme. Il ne me restait qu'une chose à faire, décrocher mon examen et m'en aller. Je me suis battu durant toute l'année avec pour motivation : l'obtention de mon baccalauréat. Très souvent, je dormais à la belle étoile parce que je rentrais tard pour des raisons pourtant académiques. N'ayant pas pu m'offrir les manuels scolaires important cette année là, j'avais pour seule option travailler avec mes camarades qui en avaient. J'ai souvent dormi affamé parce que n'ayant pas fait une course pour la patronne de la maison. Mais j'étais déjà au dessus de ces manœuvres. J'avais vu pire dans mon enfance. J'étais habitué à vivre difficilement chez les miens comme un étranger et cela ne me causais plus de problème. Physiquement, psychologiquement, mentalement, j'avais muri. J'étais devenu un homme et malgré toutes ces difficultés rencontrées, j'ai terminé l'année scolaire. Seulement, au final l'adage « l'on propose et Dieu dispose » s'appliqua sur ma pauvre personne. Malgré mon niveau moyen en classe et tous les efforts consentis, l'année se termina par une fausse note : l'échec à mon examen. La douleur et la tristesse étaient insoutenables et indescriptibles. Ma belle mère, pour une raison que j'ignore, se réjouissait de mon échec et se moquait de moi en me traitant de tous les noms d'oiseux. J'avais du mal à comprendre la haine qu'elle me vouait. Avant son arrivée dans cette maison, je ne la connaissais pourtant pas. Avait-elle entendue parler de moi en mal au point de me détester autant ? Je n'avais pas les éléments de réponse.

De toutes les façons sur le coup, ses moqueries étaient le cadet de mes soucis. J'étais dans cette bulle indestructible de l'échec face à un challenge, un défi que je m'étais donné. Ma seule consolation et ce qui me permettait de garder le cap était que je n'étais pas seul dans cette situation. Mes camarades de classe, fils d'officiers supérieurs de l'armée vivant à la caserne au même titre que moi, mieux nantis et mieux encadrés que moi avaient également ratés cet examen. C'était déplorable d'asseoir ma consolation sur la tristesse et l'échec des autres pour me remonter le moral mais, j'avais besoin de référentiel pour rester débout. Ce qui a sans doute poussé mon oncle à me proposer de rester et de remplir selon lui mon contrat : celui de décrocher mon baccalauréat. Sans doute sous la pression des autres membres de la famille car, pour moi, au vu des derniers moments compliqués que j'avais vécu avec lui, rien ne justifiait sa position. Lui qui ne maquait pas d'occasion de me rappeler que j'étais un adulte capable de me prendre en main. Cette décision n'était pas du tout du goût de sa femme mais après l'obtention de mon diplôme, mon oncle pouvait se venter d'être le premier de la famille à avoir encadré un enfant jusqu'à l'obtention du baccalauréat qui à cette époque restait toujours un prestige. Je pris donc le temps de faire le bilan de mes années passées au Nord, comprendre ce qui n'a pas marché et trouver la solution pour rectifier le tir.

CHAPITRE VI : DES VACANCES POUR UN SOUFFLE NOUVEAU

Après mon échec à l'examen du baccalauréat qui ouvre les portes de l'enseignement supérieur ou à la possibilité d'obtention d'un emploi, j'avais besoin de sortir un peu de mon milieu. J'avais besoin de faire le vide dans ma tête et seul l'éloignement de la caserne allait me permettre de mieux comprendre les choses. Heureusement, j'avais un ami footballeur et camarade de classe dont les grands parents vivaient dans le sud du pays, dans un village pas loin de la cité capitale. Là-bas, il se déroulait un championnat de football de vacances organisé par une élite très influente de la localité. Les heureux gagnants du tournoi, pour avoir animé le village pendant les vacances, avaient droit aux fournitures scolaires et une somme de cinquante mille francs chacun. Connaissant mes talents de footballeur, il me fit la proposition de l'accompagner. La proposition était alléchante et je ne pu refuser surtout que je n'avais nulle part où aller. Je n'avais pas fais de compétition au courant de l'année scolaire qui s'était achevée. Mais, je savais compter sur mon talent et pour la première fois de ma vie, j'avais la possibilité de me faire plaisir tout en gagnant de l'argent. J'ai donc profité des deux mois et demi de vacances scolaires pour changer d'air et surtout m'éloigner de ma chère belle mère.

Nous étions arrivés un après midi du moi de juillet. Depuis mon départ de mon village natal, je n'avais pas remis les pieds dans un village. J'étais dépaysé mais aussi très excité et émerveillé devant le tableau merveilleux à l'état pur que la nature offrait. Nous étions loin de ces bruits assourdissants de la ville, de cet air pollué, de cette chaleur ardente et de cette vie mouvementée. J'étais heureux. J'étais bien accueilli et aucune discrimination entre les vacanciers n'était remarquable. Là je repensais à mon village natal, à ma grand-mère que je n'avais plus vu depuis belle lurette et je me dis : « je n'aurais peu être pas bénéficié d'une formation académique à la hauteur de celle de la ville, mais au moins la bas, j'aurais bénéficié d'un amour pur et sincère de la part de ma grand-mère ». Cet amour, je l'avais ressenti avec elle. Les autres me donnaient l'impression de m'accorder juste des faveurs. Ils exprimaient simplement leur compassion envers un enfant qui n'avait pas une autre issue de sortie. Mais, je n'étais pas là pour ressasser les tristes souvenir de mon passé. J'étais là pour m'amuser, pour faire le point, faire le vide dans ma tête et oublier l'échec de l'année scolaire qui venait de se terminer. Et c'est ce que mon camarade, les autres jeunes vacanciers venus au village et moi avons fait. Nous étions venus pour un tournoi de football et il fallait se faire plaisir surtout qu'au bout une récompense alléchante nous attendait.

C'était agréable. On se sentait bien. Le niveau de compétition était relevé, l'expérience des séances d'entrainement et des matchs de football en ville nous ont permis d'être au dessus de la mêlée. Nous avons remporté le tournoi et comme promis, nous avons eu droit aux cinquante mille par participant et un lot de fourniture scolaire chacun. Entre ces parties sportives qui occupaient la majeure partie de notre temps, nous avons eu mon ami, ses frères et moi le privilège de cultiver la terre. Nous avons gouté au plaisir des randonnées dans la forêt tout en bénéficiant de sa splendeur de la nature, de ses biens naturels, de la variété des fruits qu'elle offre à toute les saisons, le petit gibier qui n'est qu'à la bourse des plus nantis dans les grandes villes et même la pureté de l'air dont elle nous fait grâce. On ne s'est point ennuyé jusqu'à la fin des vacances. Elles sont restées comme les meilleures vacances de ma jeunesse.

Septembre de l'année deux mille, les vacances étaient terminées et nous étions retournés au Nord. J'étais revenu boosté. J'avais en me faisant plaisir au football, réussi à préparer ma rentrée scolaire. J'avais de quoi payer ma scolarité. Qu'avais-je à demander en plus ? Rien n'allait m'arrêter dans mes études cette fois ci, même pas la femme de mon oncle. A mon retour, j'avais pris un engagement personnel, un an pas plus dans cette maison. L'année allait être longue et pour m'en sortir, j'avais trouvé le moyen de gagner de l'argent pour ne plus être dépendant totalement de mon oncle. J'avais réussi à convaincre quelques parents vivants dans la caserne de me confier l'encadrement de leurs enfants. Nous nous connaissions tous au camp et certains parents connaissaient mon sérieux ce qui m'a permis de gagner sans difficulté leur confiance.

Ainsi, après les classes, je prenais des enfants des classes inférieures à moi en cours de répétitions et de mise à niveau scolaire à domicile. Cela payait bien. Je percevais un salaire cumulé de plus de quarante cinq mille francs chaque mois. C'était plus que le SMIC fixé dans notre cher et beau pays. Je n'avais plus besoin de l'argent de mon oncle. Ce qui du même coup me mettais à l'abri des conflits avec lui et par ricochet avec sa femme. Tout en faisant mes études, j'avais trouvé le moyen de gagner tranquillement ma vie et de pouvoir subvenir sans difficulté à tous mes besoins. J'avais pour cela dû renoncer aux autres activités notamment la pratique du football qui me tenait tant à cœur. La seule chose dont je bénéficiais dès lors dans la maison était un toit et là encore avec mes petits sous, j'avais la possibilité si un problème se posait de quitter la maison et de m'installer à mon propre compte. J'étais au dessus de toutes les attaques envers ma personne.

Entre temps, pendant mon absence lors des vacances, Angèle la femme de mon oncle avait fait venir sa petite sœur qui vivait je ne sais trop où avant. L'argument avancé pour justifier sa venue était que je ne servais pas à grand-chose à la maison et que la petite allait l'accompagner dans la réalisation de certaines tâches domestiques. Rien de cela ne m'a ébranlé et au finish, je terminais l'année avec mon examen du baccalauréat. S'en était terminé avec mon séjour au Nord. Je voulais partir au plus vite. Les épreuves de la vie m'avais forgées et je savais maintenant comment en faire face.

Une seule chose m'es venu dès lors en tête, je voulais voler de mes propres ailles. Je reparti donc à la cité capitale pour trouver quelque chose à faire. C'était sans compter sur la dure réalité de ce pays plein d'hommes et femmes corrompus jusqu'à la moelle. Le milieu de l'emploi était un milieu que je ne maitrisais pas. Les connexions et les affiliations m'étaient totalement inconnues. Je n'ai pas tardé à me casser la figure par mes nombreux échecs. Avoir un diplôme ne donne pas droit directement à un emploi. Il fallait encore passer par des concours et là, je me suis rendu compte que des millions de camerounais avaient le même diplôme et aspiraient tout comme moi à un emploi. La concurrence était rude et les réseaux de corruption que je ne maitrisais pas et que je ne comprenais pas à l'époque avaient pignon sur rue. Le temps passait et je n'avais pas à trouver quelque chose à faire. Avec l'argent que j'avais pu engranger ça et là en faisant des petits boulots ponctuels, l'idée d'aller en faculté est née.

CHAPITRE VII : UN MAUVAIS CHOIX

Le système éducatif de notre pays présente encore de nombreuses lacunes parmi lesquelles, le système d'orientation académique. Beaucoup de jeunes fréquentent juste pour avoir des diplômes. Très peu le font pour apprendre un métier ceci à cause du manque de communication et de la mauvaise politique sur l'éducation. En choisissant d'aller en faculté, je ne me suis pas posé de question sur mon avenir. Je n'avais pas eu d'entretien avec un conseiller d'orientation. Tout comme beaucoup de jeunes, nous fréquentions avec pour seule option, l'insertion à la fonction publique. Et lorsque le chemin vers la fonction publique se refermait, on se sentait perdu. L'enseignement secondaire ne m'avait pas appris à être entreprenant au cas où l'option fonction publique semblait compromise, la faculté encore moins. Surtout que j'avais choisie une filière, pas par conviction mais plus par suivisme. Je voulais faire comme les autres sans connaitre leur motivation.

Octobre l'année deux mille un, j'avais économisé un peu de sous. Je me suis donc inscris à la faculté des sciences. Voyant mes efforts et ma volonté de continuer mes études, tante Alice chez qui j'avais passé les premières années de mon secondaire, avait décidé de me venir en aide. Que n'a-t-elle pas fait pour moi cette bonne femme ? Je ne cesserais de lui témoigner ma gratitude. Elle à sans doute été dur avec moi, elle a certes eu des mots et des paroles qui m'ont sérieusement affecté dans mon adolescence, je reste convaincu de sa bonne foi, de sa volonté de m'aider et de son amour pour ma personne. Mon oncle, monsieur le militaire ne voulant pas perdre la face en famille, décida également de me venir en aide. Je n'ose pas imaginer la réaction de sa femme qui ne m'avait jamais apprécié et pour qui mon départ de la maison était un soulagement et une victoire pour sa petite personne.

J'avais commencé les cours et je vivais désormais tout seul. Je n'avais plus de compte à rendre. J'étais libre d'entrer et de sortir de ma petite chambre d'étudiant à ma guise. Je pouvais décider de mon emploi du temps en fonction des programmes de cours. J'étais libre de faire mes repas selon mes envies. Pour la première fois de ma vie j'avais mon petit chez moi. Les cours n'étaient pas particulièrement différent de ceux que j'avais suivis au lycée. Je constatais qu'ils étaient juste plus approfondis pas plus. J'étais à mon aise.

Mais comme les habitudes ont la peau dure, je me retrouvais de nouveau en difficulté. Avant mon départ à l'université, mon oncle avait par une alchimie dont j'ignore le secret réussi à convaincre sa sœur ainée tante Alice de lui faire parvenir sa contribution mensuelle qui m'étais destinée afin qu'il ajoute sa part avant de me faire l'expédition. L'idée était de me venir en aide financièrement pour ne pas me disperser et consacrer le maximum de mon temps sur mes études. L'initiative était louable et deux contributions valaient mieux qu'une surtout que l'université coûte cher et mes activités génératrices d'argent s'étaient considérablement réduites. Seulement, je ne savais pas que ma chute viendrait de cet arrangement. Je découvre la supercherie quelques années plus tard lors d'une assise familiale où tante Alice dévoile les montants d'argent qu'elle transférait pour mes besoins à l'université. Grande était ma stupéfaction.

En effet, mon cher oncle recevait de l'argent et au lieu d'ajouter sa contribution comme initialement promis, il faisait très souvent des prélèvements bien que quelques fois il apportait sa contribution. Mais ce que j'ai retenu de cet épisode, c'est que j'ai eu du mal à progresser vu les exigences financières et matériels auxquelles j'étais confronté à l'université. C'est ainsi qu'au bout de deux années d'étude, je prends la décision d'arrêter avec la faculté et de me replonger à la quête d'un emploi.

Je rentre donc à la cité capitale et avec mon niveau d'étude assez flatteur, je parviens une fois de plus à obtenir les faveurs de quelques parents qui me confient leurs enfants pour des cours à domicile. J'avais du temps libre à n'en savoir quoi en faire au courant de la journée. Les nombreuses demandes d'emplois déposées çà et là n'avaient rien donné de positif. Je retrouvais également quelques vieux coéquipiers du Nord qui avaient progressé dans le football et qui naturellement m'ont redonné l'envie de pratiquer ce magnifique sport. J'ai ainsi intégré une équipe de division inférieure avec laquelle je m'entrainais tous les matins et les après midi, je donnais des cours de mise à niveau à domicile. Cela a duré trois ans. L'âge passait, l'insertion dans le milieu professionnel se soldait par des échecs et je constatais que je ne progressais pas. C'est sous les conseils d'un ainé, voyant le statuquo et les exigences que la vie m'imposait que je décide de faire un concours pour l'admission dans une école de formation professionnelle : l'Ecole Nationale des eaux et Forêts.

Cette école est sous régionale à caractère paramilitaire et forme à l'époque dans trois cycles. Les Agents Techniques des Eaux et Forêts pour les détenteurs d'un brevet d'étude, les Techniciens pour les détenteurs d'un Probatoire et les Techniciens supérieurs pour les détenteurs du baccalauréat. Une possibilité de concourir pour les trois cycles était possible vues que les dates de concours n'étaient pas les mêmes pour tous ces cycles. J'avais mes économies et je me suis lancé pour deux cycles question de maximiser mes chances. Ce qui m'a fort bien réussi puis que je suis admissible pour les deux cycles mais, finalement recalé à l'oral au cycle de Techniciens supérieur. J'étais donc admis à l'école nationale des eaux et forêts en qualité d'élève agent technique niveau brevet. Je n'avais pas de choix, j'en avais marre qu'on me pose toujours l'éternel question « qu'est ce que tu sais faire ? » et moi de répondre naïvement « je suis titulaire d'un DEUG en sciences biologiques ». Dans le monde du travail, à quoi cela correspondait ? À rien du tout et moi sans conseiller, je n'en savais rien. On avait besoin des praticiens qualifié et moi je n'étais qu'un diplômé parmi tant d'autres. J'avais maintenant vingt neuf ans et je comprenais mieux les choses. Des choses que j'ai compris tardivement car je n'avais personne derrière moi pour m'orienter dans mes choix. La plus part du temps, mes choix et mes décisions, je les ai toujours faits tout seul. La formation à duré deux ans et au finish j'en ressors major de la promotion. Diplômé de cette école, cela te donnait la chance de concourir en nombre restreint pour le corps des fonctionnaires des eaux et forêts. Une aubaine pour beaucoup de jeune car, l'Etat reste le plus gros recruteur de la république. Le diplôme de cette école donnait également la possibilité de faire ses preuves dans les ONGs et les sociétés forestières.

Seulement, à la fin de ma formation, je jugeais mon diplôme en deçà de mon niveau réel avec le risque d'être recruter à une catégorie assez basse. De plus, pour ce cycle d'agent technique, je ne pouvais plus concourir pour une place dans l'administration publique. Un détail que je n'avais pas avant de me retrouver face à la situation. La raison était simple, j'avais trente un ans au sortir de la formation et l'âge requis pour concourir pour les agents de l'Etat pour le diplôme d'agent technique était de vingt neuf ans alors que pour les deux autres cycles, il était de trente quatre ans. J'avais fais un mauvais choix. Il fallait que je rattrape le coup.

J'étais obsédé par l'envie d'intégrer la fonction publique. Pour le cycle de Technicien supérieur, j'avais encore une chance. L'âge d'intégration est de trente quatre ans. Je me lançais donc sans me poser de question pour le cycle de technicien supérieur. Le calcul était vite fait, j'avais deux années de plus de formation à faire et je ressortais à l'âge de trente trois ans nantis de mon diplôme de technicien supérieur des eaux et forêts avec la possibilité de concourir pour l'admission à la fonction publique. Je connaissais déjà la maison, ce fut un jeu d'enfant. Troisième de la promotion cette fois là, j'étais prêt pour intégrer l'administration publique. Le rêve était trop beau pour être vrai. Je suis recalé à l'oral du concours d'intégration à la fonction publique. Je suis effondré, stupéfaits, face à la réalité des manigances de mon pays. On aurait pu se trouver des excuses en disant oui la compétition est nationale mais, le cercle restreint dans lequel nous évoluions mettait au grand jour toutes les basses manœuvres qui s'opèrent dans nos administrations publiques. Sinon, comment comprendre qu'étant de la même promotion, une personne qui pendant deux années d'études et de formation n'a jamais mais, alors au grand jamais réussi à te surpasser ce ne reste que sur une discipline, dans les mêmes conditions et avec les mêmes épreuves proposées au concours d'intégration, réussi par miracle à te surclasser ? Cette question m'a taraudé l'esprit pendant un moment et j'ai fini par comprendre d'où venait le mal de notre pays. Un collectif de corrompus, d'imposteurs et d'incompétents à des postes de responsabilité qu'ils ne méritent pas et qui par-dessus tout n'ont aucun rêve de gloire pour ce pays.

Je suis certes révolté par cet échec mais la réalité est là, triste et vrai. Je n'avais pas le temps de pleurer sur mon sort. J'étais mieux armé désormais. Il fallait passer à autres chose. Pendant mes quatre années passées à l'école des eaux et forêts, j'ai eu un amour fou pour la pratique de la pisciculture. L'une des matières qui était dispensé et je m'en suis perfectionné par des stages sur le terrain. Je me suis donc lancé pleinement dans cette activité qui du même coup m'avais rendu totalement indépendant. J'avais dès lors le rêve d'en faire mon activité principale génératrice de tous mes revenus. Il s'éloignait progressivement de mon esprit l'option de la fonction publique. Les bases manœuvres avaient laissées en moi l'amertume et le dégoût de servir l'Etat.

Je travaillais maintenant pour mon propre compte. Ma réputation et mes travaux pour des particuliers me précédait au point où j'avais pu former une équipe de jeunes qui comme moi n'avaient pas eu la chance après leur formation à l'école des eaux et forêts de trouver du travail. Ensemble, nous nous aidions mutuellement. Moi je trouvais des marchés de mise en place des fermes aquacoles, de réhabilitation ou encore d'accompagnement technique chez des privés et eux ils m'aidaient à réaliser les travaux moyennant une rémunération. Je mène cette activité jusqu'à ce jour et j'en suis heureux.

En revisitant mon parcours chaotique, je suis fier d'être là aujourd'hui. Cela m'a même permis de stabiliser ma vie amoureuse qui n'avait jamais cessé d'être influencée et de se façonner au rythme de mes échecs.

CHAPITRE VIII : UNE VIE AMOUREUSE EN DENT DE SCIE

Malgré les difficultés et les obstacles que tu peux rencontrer sur ton chemin, dis-toi toujours au fond de toi qu'il y a un ange gardien qui t'accompagne. Je dis cela parce que je revois mon parcours et je me dis : « si tu penses que tu es maudit alors, tu n'a rien compris du mystère de la vie » regarde autour de toi et compare ta vie à celle des autres. Même si ce n'est pas ce qui est recommandé. Tu comprendras très vite que tu as eu beaucoup de chance. Je le dis parce que même ma vie sentimentale et amoureuse n'a pas été un long fleuve tranquille.

Mon premier flirt, je le fais à l'âge de quinze ans. Naïf, je tombe sous le charme d'une fille un peu plus mature sexuellement que moi. Cette relation ne durera que le temps d'une saison. La jeune fille, malgré le fait que nous étions de la même tranche d'âge, était plus émancipée et a très rapidement lâché prise. J'étais quelqu'un de timide et je ne savais comment aborder cet aspect des choses. Aussitôt nous étions devenus amis, aussitôt c'était terminé. J'avais du mal à comprendre ce qui ce passait. Tout ça était nouveau et j'en garde un triste souvenir. Par ma maladresse, j'étais le nul du quartier et du collège. C'était mon premier échec avec l'agente féminine.

Ensuite, j'ai fais un stop sur les conquêtes. Ce n'est que plus tard installé au nord, que je fais la rencontre d'une belle jeune fille, Gertrude, ma camarade de classe pour qui j'avais un amour fou. J'avais dix sept ans. Pour elle, je ne suis qu'un ami et camarde de classe comme tout le reste. Ma timidité ne me permet pas de lui exprimer mes sentiments. J'ai du mal à apprendre à draguer les filles et j'envie mes camardes qui ont des copines. Pour faire comme eux, pendant tout mon cycle secondaire dans le nord, je vais faire croire à mes amis et camardes que, comme eux, j'ai une vie amoureuse bien rempli. Une affirmation qui était pourtant fausse. Les difficultés que je vivais en famille ne me permettaient pas de penser avoir une copine et d'en être responsable. Je dû me résoudre dans le mensonge et l'imposture. Pauvre de moi. Mais, avec du recul, je pense que c'était bien ainsi. Car, des années plus tard, je découvre le véritable visage de l'amour.

En effet, après ma décision de laisser tomber mes études universitaires, je reviens dans la cité capitale pour me prendre en charge et ne plus dépendre des autres. C'est là que je rencontre mon premier véritable amour : Clarisse. C'était la voisine de mon coéquipier et un de mes meilleurs amis. Elle venait d'obtenir son baccalauréat et souhait s'inscrire en faculté. Moi j'étais un ancien qui connaissait pas mal de choses de l'enseignement supérieur. J'avais appris à aborder les femmes entre temps et très rapidement nous nous sommes mis ensemble. Beaucoup de projection se faisaient déjà sur un avenir commun. Nous étions très amoureux l'un de l'autre du moins c'est ce que je pensais. Je le dis parce qu'avec Clarisse, nous avons eu une vie commune de plus de sept ans. Jusqu'à la fin de mes deux cycles de formation à l'école nationale des eaux et forêts. Entre temps, elle avait les mêmes difficultés de famille que moi. Elle était sous la responsabilité de son oncle qui malheureusement ne trouvait pas utile de lui assurer la scolarité universitaire. Tout comme moi, elle avait dû se résoudre à abandonner les études après deux ans et m'avait rejoint dans la petite chambre que j'occupais pendant que j'étais en formation à l'école nationale des eaux et forêts. Nous avons vécus là jusqu'à la fin de ma formation et même après la formation.

J'étais triste de la voir toujours à la maison à ne rien faire et sa situation me rappelait sans cesse la mienne. J'avais terminé avec ma formation et malgré l'échec au concours d'intégration, nous parvenions par mes activités, à vivre paisiblement. Alors, comptant sur mes revenus, je lui fis une proposition. Celle de faire comme moi, une formation professionnalisante. Après de multiples recherches, nous avons convenus de commun accord qu'elle ferait la formation des élèves maître pour au sortir avoir la possibilité de s'insérer professionnellement par l'enseignement. Des écoles de formation spécialisée dans le domaine existent sur toute l'étendue du territoire nationale : ce sont des écoles normales des instituteurs de l'enseignement général (ENIEG) et, pour le niveau d'étude qu'elle avait déjà, la formation se faisait sur une seule année.

Les problèmes commencent lorsqu'on décide de faire le choix sur le centre où elle devait se faire former. On avait une ENIEG dans la ville où nous vivions et de commun accord, nous avions convenus qu'elle postulerait là-bas. Seulement, à mon insu et pendant mon absence, Clarisse a pris l'initiative de déposer ses dossiers dans une autre ville et ceci pour des raisons que j'ignorais. Après le concours, elle a été admise à l'école pour sa formation et très rapidement après son départ, la distance à commencer à impacter sur notre relation. Malgré cela, nous essayions du mieux qu'on pouvait de trouver du temps pour se voir. Elle avait fait le choix de s'éloigner et elle avait ses raisons.

A la fin de la formation un an plus tard et comme de coutume dans le pays, il fallait encore attendre une opportunité pour avoir un emploi, je lui fis la proposition de rejoindre une tante qui était institutrice dans un établissement primaire public à la cité capitale. Là-bas, elle serait bien encadrée et pourrait rapidement trouver d'autres opportunités. Une proposition qu'elle balaya du revers de la main. Clarisse avait changé, ce n'était plus la même jeune femme avec qui j'avais vécu pendant plus de sept années. Pour enfoncer le clou, elle m'informa qu'elle avait eu une proposition à l'arrière pays et qu'elle avait déjà accepté. Que pouvais-je faire, mon amie avait déjà pris sa décision. Très rapidement, elle avait déménagé de la chambre où nous vivions, et était allé s'installé à l'arrière pays pour exercer. De temps en temps, elle venait me voir et cela à duré presque six mois. Puis, un samedi de l'année deux mille quinze, alors que j'étais absent, elle passa à la maison. Elle avait toujours sa clé, c'était aussi le chez elle. Mais, elle n'était pas venue passer du temps comme les autres fois. Profitant de mon absence,

Clarisse vida presque la chambre. Elle prit tout le reste de ses affaires et ce qu'on avait acheté ensemble. A mon retour deux jours plus tard, la chambre était presque vide. Je voulais comprendre ce qui se passait. Je l'ai donc appelé au téléphone pour connaitre les raisons de son acte : « Je viens d'arriver à la maison et je constate que la maison est presque vide, que ce passe t il ? » lui ai-je posé question.

- « j'avais besoin de mes affaires » me répondit-elle.
- « et tu avais besoin de prendre toutes tes affaires y compris ceux qu'on a acheté ensemble ? » lui avais je rétorqué.
- « bah toi tu n'es jamais sur place, donc j'ai estimé que j'en avais plus besoin que toi »
- « à comprendre donc ton acte cela signifie que tu ne viendras plus me voir ? »
- « l'avenir nous le dira » m'avait elle marmonné.

C'était le départ définitif de Clarisse et la fin de près de huit années de vie commune. Plus tard, j'appris par des amis communs qu'elle s'était mis en couple avec le monsieur qui lui avait fait la proposition d'exercer dans l'arrière pays. Je n'en revenais pas. J'étais effondré car, c'est la première fois qu'une femme me faisait un coup pareil. Les espoirs, l'espérance d'une vie meilleure à deux partait en fumé. Première véritable déception amoureuse. C'était dur à encaissé. J'avais connu des choses, j'avais traversé des obstacles dans ma vie mais, ce sentiment là, je ne le connaissais pas. Il m'a fallu du temps pour m'en remettre.

Quelques mois plus tard après le départ de Clarisse, je suis sollicité par l'administration de l'école nationale des eaux et forêts pour servir en qualité de personnel d'appui écogarde. C'était un travail pas rémunéré à la valeur du service fourni mais au moins le salaire était stable et régulier. J'avais la responsabilité de la gestion des activités opérationnelles liées à la forêt et aux étangs piscicoles de l'école. Je concluais par cette opportunité que le départ de Clarisse avait été un mal pour un bien. J'y ai exercé pendant un an et huit mois. Là, j'ai fais la connaissance de Marie-Chris. Une jeune femme très attachante et très aimante. Naturellement, une complicité est née entre nous. Tout comme moi, elle était personnelle d'appui au sein de l'école. Nous avons appris à nous connaitre et quelques mois plus tard, nous avons décidé de nous mettre ensemble. Avec son aide, j'ai déménagé de ma petite chambre et nous avons tous les deux pris un appartement. L'histoire avec Clarisse avait certes laissée de séquelles mais elle était désormais derrière moi.

J'ai recommencé à me faire une nouvelle vie. Les choses se déroulaient à merveille. Mes activités prospéraient. J'étais chaque fois entre les activités à l'école et la gestion de mes contrats avec des particuliers. Elles étaient derrières moi les années de tristesse et d'échec. Elles étaient très loin les périodes de galère, les nuits blanches à me poser mille et une questions, les brimades d'enfance, les insultes. Tout cela n'existait plus. J'étais un homme comblé.

Un après midi du mois de juin deux mille seize, je reçois la proposition d'une entreprise forestière basée à l'Est du pays. Le salaire proposé pour un premier contrat était le triple de ce que je gagnais à l'école des eaux. Les conditions sociales proposées étaient meilleures que celle de l'école. Je rentre le soir et j'en parle à Marie-Chris :

- Cet après midi, j'ai eu une proposition de travail, lui dis je :
- Et où iras-tu travailler ?
- A l'Est du pays lui ai-je répondu ;
- Si les conditions et le salaire sont meilleurs qu'ici, qu'est ce que tu as à perdre, m'a-telle encouragé ;
- Et toi comment feras tu si je pars ? ne serait-il pas mieux qu'on y aille ensemble ? lui ai-je proposé ;

- Non, je ne pense pas. Ici, j'ai un travail. C'est à toi qu'on a proposé le travail pas à moi. En plus, cela nous permettrait de résoudre nos problèmes de finances vu que tu dis que le salaire est le triple de ce que tu gagne ici. C'est une opportunité que tu ne dois pas laisser passer, m'avait-elle convaincu.

Elle avait eu des arguments solides et convainquant pour notre bien être à tout les deux et un avenir meilleur. Ainsi, après notre échange, le lendemain, j'ai accepté le travail. J'ai donc démissionné de l'école et je me suis rendu à l'Est pour signer le deuxième contrat de travail de ma vie après celui de l'ENEF.

Deux semaines plus tard, j'avais commencé le travail. Mais, j'étais loin de mes années de travail en toute liberté. Les règles avaient changé. Je n'avais plus de temps pour moi. Même pas pour suivre mes partenaires privés qui m'avaient confié la gestion de leurs fermes aquacoles. Je faisais quelque chose de différent de ce que je pratiquais depuis trois ans maintenant. J'étais rentré dans le monde de la foresterie pur avec ses exigences. Mon nouveau travail m'obligeais à passer la plus part de mon temps en pleine forêt dans des endroits où la communication avec le monde civilisé était coupée. Je ne tardais pas à m'en rendre compte car la relation avec Marie-Chris commençait à me rappeler mes derniers moments avec Clarisse. J'avais juste un jour dans la semaine pour passer du temps avec elle. L'Est était loin et Marie-Chris n'avait aucune intention de lâcher son travail pour venir me rejoindre. Et, après un an de travail, à l'Est le pire que je craignais arriva. Tout comme Clarisse, elle décida de quitter l'appartement que je payais pourtant malgré mon absence. Beaucoup d'incompréhension entre elle et moi et au final nous avons rompu.

Etais-je-maudit ? Je n'arrêtais pas de me poser cette question. Depuis ma naissance, tout ce que j'entreprenais finissait par s'écrouler tôt ou tard comme un château de carte. Y a-t-il une relation entre mes échecs et le fait que je sois un enfant né sous « X » ? Toutefois, la vie continue et je ne cesse de me battre en gardant espoir.

CHAPITRE IX : UNE LUEUR D'ESPOIR

Aujourd'hui, je vis ma trente neuvième année. Je ne dirais pas que la vie m'a fais de cadeau mais, lorsque je jette un regard rétrospectif autour de moi, je me dis : « malgré le fait de n'avoir pas eu un père biologique m'aimant dans ma vie et l'amour d'une mère, Dieu m'a beaucoup aimé. » je regarde les enfants de la rue qui n'ont pas eu droit à l'éducation que moi j'ai eu et je conclus que toute chose qui arrive dans cette vie arrive pour une bonne raison.

Après deux années passé à l'Est dans l'entreprise forestière qui m'employait, j'ai démissionné et je suis retourné à mon premier amour : la pratique de l'aquaculture. Ce que je fais avec beaucoup d'amour et de passion. Je suis membre de plusieurs organisations actives dans le domaine et j'ai des responsabilités dans ces organisations. Preuve de mon niveau de compétence et de persévérance. J'ai pu résister à l'épreuve du temps et mes efforts m'ont permis de visiter plusieurs autres pays, chose qu'il ya une trentaine d'année je n'aurais pas pu imaginer.

A mes cotés aujourd'hui, il y a une femme attentionnée, dévouée et prête à me suivre et m'accompagner partout où je vais. Je ne sais pas ce que l'avenir me réserve mais, je suis sûr d'une chose, il y a de l'espoir dans la vie et un Dieu pour tous. Oui, il y a un Dieu pour tous et mon histoire personnelle me permet de comprendre que tout ce qui nous arrive dans notre vie arrive pour une raison précise. Des milliers et des milliers de personnes n'ont pas la chance que j'ai eu ni la vie que j'ai. Qu'ai-je fais pour mériter une telle grâce ? Rien je pense bien. Le monde est ainsi fait avec ses mystères et il est de notre devoir de nous accommoder. J'ai tellement blâmé le monde et envié la vie d'autres personnes que j'ai oublié que j'avais eu la grâce à mon juste niveau. En regardant autour de moi et en comparant mon vécu à celui d'autres personnes, une conclusion me reviens sans cesse à l'esprit : « je ne suis pas maudis car, le simple souffle de vie est une grâce ».

Oui il arrive que la vie nous fasse des misères, mais le livre de la vie dans lequel sont inscrites les saintes écritures nous relève tous les mystères. J'ai eu la chance depuis quelques temps de faire des échanges avec quelques hommes avertis dans la spiritualité et j'ai dû me remettre à leur sagesse. Oui, tout est vanité dans ce monde et il est important de savoir apporter sa pierre à la construction de la vie des êtres humains. Savoir donner de l'amour sans se poser de questions et aider du mieux que l'on peut tout les nécessiteux est l'essence même de la vie car, l'on ne sait pas se que l'avenir nous réserve. L'enfant que tu réduis à l'esclave aujourd'hui pourrait être ton roi demain. Soyons vigilant, persévérant et humble dans toutes nos actions.

À PROPOS DE L'AUTEUR

Charles EBWALA

Né en 1980 et élevé dans plusieurs familles d'adoption, d'un oncle à un autre en passant par des tantes. Charles est Camerounais et a une véritable passion pour la pratique de l'agriculture.

Le message de Charles à travers ce livre est clair : « Prenez la responsabilité de votre vie quelque soit vos origines, quelque soit votre classe sociale et quelque soit la famille dans la quelle vous vivez ou vous avez vécu. N'attendez pas recevoir éternellement des autres pendant toute votre vie et ne vous laissez jamais abattre par les difficultés. Vous êtes le maître de votre vie et croyez toujours en votre potentiel et à vos rêves. »

« La principale raison pour laquelle les gens sont poussés à la dérive est le manque de confiance en sois et la non croyance que tout est possible sur cette terre. »

Croyez en vous, en Dieu, persévérez et ne vous laissé jamais abattre.

Charles EBWALA.

Printed by Books on Demand GmbH, Norderstedt / Germany